ROCKERAS

DE LA · A LA

A Z

ANABEL VÉLEZ
Y
MOIXONADA

GRANDES ARTISTAS FEMENINAS

MA NON TROPPO

INTRODUCCIÓN

Cuando la editorial me propuso adaptar mi libro *Mujeres del rock* a libro ilustrado, inmediatamente dije que sí. Primero, porque me encantan los libros ilustrados y, segundo, porque tenía claro que es una manera de acercar a todas estas mujeres al público más joven, que les entraran por los ojos y que decidieran escuchar su música.

Todos los libros que he escrito reivindican el papel de la mujer en el mundo de la cultura. No me cansaré de decirlo, es necesario e importante hacerlo. Demasiados años han vivido las mujeres en la oscuridad, sin que se les reconozca el mérito de todo lo que han hecho.

El rock es un género muy masculinizado, pero que no os engañen, las mujeres han formado parte de él desde sus inicios. Y una parte fundamental. Siempre han estado ahí, aunque a la hora de escribir los libros de historia, parezca que se han olvidado de ellas.

Mientras siga siendo necesario reivindicar la figura de mujeres como Sister Rosetta Tharpe, la llamada madrina del rock o Memphis Minnie, una de las grandes guitarristas del blues, seguiremos escribiendo libros que rescaten su figura y la de tantas otras mujeres que con su música han enriquecido el mundo del rock. Desde los girl groups a las riot grrrls, pasando por el rock de grupos como Fanny, la experimentación de artistas como Laurie Anderson, iconos como Joan Jett, pasando por la música alternativa de The Breeders o L7 o el Americana de Lucinda Williams. Y muchas, muchas más.

En este libro conoceréis no solamente a grandes figuras como Janis Joplin, Patti Smith o Tina Turner, que puede que sean los nombres que más os suenen, sino también otras artistas y bandas sin las que el rock no sería hoy la música que tanto nos gusta. Espero que este libro os ayude a descubrirlas, pero que, sobre todo, escuchéis su música. Y las conozcáis no solo gracias a mis palabras sino también a las excelentes ilustraciones de mi compañera en este viaje, Marina Moix. Gracias por hacer imagen mis palabras.

ANABEL VÉLEZ

MAMIE SMITH

UNA ESTRELLA DEL BLUES

Antes de que el rock ni siquiera fuera una idea, otras sonoridades poblaban la música. En el terreno del blues y el góspel, el rock plantó su semilla y germinó. Sin dichos sonidos y las artistas que los crearon, el rock jamás habría nacido. Por eso al hablar de artistas que marcaron la historia del rock no podemos dejar de lado a las mujeres que abrieron el camino. Desde los campos de algodón surgieron los cantos de los esclavos traídos a la fuerza de África. Nacieron de su tristeza y dureza de su vida y se juntaron con el folk tradicional del sur de EE.UU. y la música de las iglesias blancas. El blues y el góspel nacieron de esa mezcla. Tras la abolición de la esclavitud, los liberados partieron hacia el norte en busca de una vida mejor. A las ciudades también llegó su música, que se mezcló con sonidos más urbanos y nuevos instrumentos: piano, batería, bajo, vientos o armónicas junto a cantantes de voz profunda. Mujeres como Ma Rainey, Bessie Smith o Memphis Minnie fueron las pioneras. En las últimas décadas del siglo XIX, una mujer que se atrevía a subir a un escenario era considerada una prostituta, ni más ni menos. Algunas traspasaron esa puerta pese a todas las consecuencias. Unas por pasión, otras por simple necesidad.

LA PRIMERA GRABACIÓN DE BLUES

Era el 10 de agosto de 1920. Okeh Records iba a grabar unos temas de Perry Bradford con la cantante blanca Sophie Tucker, que enfermó. Bradford los convenció para que Mamie Smith cantara. «Crazy Blues» vendió dos millones de copias y fue la primera grabación de blues de la historia.

RACE RECORDS

Las discográficas descubrieron una mina en el blues y un mercado nuevo en el público de color. Grababan discos destinados exclusivamente a ellos, los race records. Gracias a Mamie Smith se abrieron las puertas para que otras grabaran. Ella hizo al blues mainstream.

LA PRIMERA ESTRELLA DEL BLUES

Ma Rainey fue la primera gran cantante de blues y una estrella. Incorporó el blues a los espectáculos de vodevil y lo popularizó. Gracias al éxito de Mamie Smith, Rainey pudo firmar un contrato con Paramount.

Y EN ESTAS, LLEGÓ EL SWING

Aunque Mamie Smith participó en numerosas películas y grabó más de cien discos, murió en la pobreza. Su éxito fue olvidado durante décadas. El blues dejó de estar de moda cuando llegó el swing. Muchas artistas se quedaron sin un centavo y olvidadas para la posteridad.

OTRAS ARTISTAS

La mayoría de pioneras del blues fueron cantantes. Pocas instrumentistas lograron reconocimiento. El piano era el instrumento que se consideraba más adecuado para una mujer. Si las pianistas eran escasas, las guitarristas eran un rara avis.

Muchas de estas mujeres se criaron en entornos rurales donde la música formaba parte de su día a día, pero no se veía como una profesión sino como entretenimiento o parte de su religión. Si querían dedicarse a la música tenían que marcharse en busca de aventura.

Memphis Minnie logró pasar del estilo más clásico del vodevil al blues eléctrico de Chicago experimentando e innovando. Durante sus más de cuarenta años de carrera hizo 200 grabaciones. Su música ha influido a innumerables guitarristas de blues y de rock.

Memphis Minnie batió al gran Muddy Waters en un concurso de guitarra. Se la consideraba al mismo nivel que los hombres que dominaban la escena. Era una mujer independiente y de armas tomar. Sus letras autobiográficas hablaban de una mujer real y fuerte.

MA RAINEY'S BLACK BOTTOM

Ma Rainey

FEATURING

BILLIE HOLIDAY

LA VOZ DEL JAZZ CON ALMA DE BLUES

En los años treinta el blues entró en decadencia. El swing, un nuevo estilo del jazz, se popularizó y dio paso a melodías más pegadizas y bailables. Las grandes orquestas del jazz estaban a punto de aparecer. Louis Armstrong fue el gran inventor del estilo y Duke Ellington y su orquesta uno de sus grandes exponentes. La música se transformaba y los cantantes ganaban protagonismo improvisando con el ritmo. Sin duda, una de sus grandes representantes fue Billie Holiday. Tuvo éxito, fue reconocida, pero tuvo que vivir penurias y desprecios. Es indudable la influencia que su voz y su forma de interpretar ha tenido en otras cantantes como Janis Joplin. Su emoción y sentimiento la convirtieron en una de las grandes voces de todos los tiempos. Combinaba el blues clásico con los nuevos ritmos del swing a la perfección y con una sonoridad más sofisticada. Conseguía que cualquier canción sonase a gloria. Innovando con su voz, entre 1933 y 1958, forjó un legado musical innegable tocando con músicos de la talla de Benny Goodman, Count Basie o su gran amigo, el saxofonista Lester Young. Ella cantó el jazz con alma de blues y cambió para siempre lo que significaba interpretar con verdadero sentimiento. Su sofisticación al cantar le valió el apodo de Lady Day.

MALA VIDA

Los comienzos de Billie Holiday fueron difíciles. Su padre huyó y su madre la dejó con unos parientes que la maltrataban. Con 10 años la violó un vecino. Acabó en un reformatorio católico donde vivió un infierno. Luego se prostituyó. Dejó la calle para cantar en clubs.

CON BENNY GOODMAN

Sus primeros años fueron de formación en orquestas como la de Benny Goodman. Con ellos grabó su primer disco y sonó en miles de jukebox, de moda por entonces por los race records. Durante diez años grabó un centenar de estos discos junto a los mejores músicos del jazz.

AMENAZAS RACISTAS

Holiday sufría continuamente desplantes de promotores y dueños de clubes por el racismo. En el sur, tenía que orinar entre matorrales mientras sus compañeros blancos usaban los lavabos de restaurantes u hoteles. Harta de amenazas racistas, abandonó la orquesta.

HA NACIDO UNA ESTRELLA

En Nueva York cantó en el Café Society, primer club de audiencia mixta. Entró siendo una simple cantante y salió como estrella gracias a «Strange Fruit», un tema sobre los brutales linchamientos en el sur. Columbia se negó a publicarlo por su letra. Fue su tema más famoso.

OTRAS ARTISTAS

Ella Fitzgerald usó su voz como un instrumento más. Acercó el bop a nuevas audiencias y se convirtió en pionera de un estilo de grandes capacidades vocales. Giró con Dizzy Gillespie y su big band experimentando con el scat, su famoso fraseo.

A los músicos de jazz de entonces les pagaban poco, si lo comparamos con lo que las compañías sacaban por las ventas de discos. Por cada álbum de sus inicios, Billie Holiday ganaba 25 dólares como mucho.

Las drogas calaron hondo en el jazz. Los artistas de color sufrían acoso policial. Una detención podía costarte tu única forma de sobrevivir. Para Billie Holiday fue un año de cárcel sin poder cantar. Enfermó y sus apariciones fueron más escasas y erráticas. Murió a los 44 de cirrosis.

Anita O'Day también tuvo problemas con las drogas. Muchos afirmaban que, por ser blanca, nunca sufrió la misma persecución que Holiday. La llamaban la Jezebel del jazz. Su original estilo vocal estaba basado en el fraseo y la improvisación.

WANDA JACKSON

Al mismo tiempo que los race records copaban el mercado, el hillbilly se abría paso en las listas. El público blanco reclamaba también artistas de baladas country o temas old time. Las mujeres veían así una oportunidad para expresarse. Mujeres surgidas del entorno rural que no sólo eran amas de casa, sino también excelentes instrumentistas. Era habitual que una madre amenizara las veladas cantando o al piano. También tocaban el banjo, la guitarra, el dulcimer, el violín, el ukelele, la autoharpa o la mandolina. Convirtiéndose en miembros de una banda familiar eran aceptadas socialmente, dentro de un entorno respetado. Entre sus temas más usuales, destacaban las murder ballads que contaban hechos luctuosos y violentos, muchas desde un punto de vista femenino. Cantaban a la libertad, al respeto, la autoestima, la independencia y a valerse por sí mismas sin necesidad de que un hombre las cuidase. Muchas mujeres del country traspasaron la línea que separaba esas listas de las del pop. Algo se estaba cociendo en el anticuado y anquilosado mundo del country. Desde las Carter hasta Wanda Jackson, el country y el rockabilly fueron el caldo de cultivo perfecto para estas pioneras.

FURIA EXPLOSIVA

En los cincuenta una mujer que cantaba rockabilly no estaba bien vista. No eras decente si no encajabas en lo que se esperaba de ti: esposa y madre. Wanda Jackson rompió barreras, dejó el country y abrazó el rockabilly. Fue Elvis quien la animó a ello. Y ella desató su furia explosiva.

ARTISTA PRECOZ

Su padre le regaló una guitarra a los siete. Pronto tuvo programa de radio propio. Allí la descubrió Hank Thompson y la invitó a cantar con The Brazos Valley Boys. A los 18 fichó por Capitol Records. Lo que realmente atraía al público era la garra y fiereza de su voz.

UNA MUJER FUERTE Y DECIDIDA

Las letras de Jackson mostraban a una mujer fuerte y decidida que no se callaba, capaz de pedir lo que quería sin cortarse un pelo. Eso dice mucho de su personalidad. Y más en el conservador country. Wanda se subía a los escenarios con una actitud totalmente desinhibida.

CAMBIO DE RUMBO

En 1971 se convirtió al cristianismo junto a su marido y empezó una etapa góspel, dejando de lado su vertiente más rockera. En las últimas décadas ha vuelto al rockabilly gracias a Rosie Flores que la invitó a participar en su álbum, *Rockabilly Filly*.

OtRAS ARtiStAS

La Familia Carter fue de las más influyentes de la historia del country. Ellas abrieron una puerta para generaciones de mujeres que se dedicaron al género. Sara y Maybelle Carter eran compositoras, intérpretes, emprendedoras y mánagers de sus vidas.

Maybelle formó un grupo junto a sus hijas Helen, June y Anita. Mama Carter era conocida por su buen hacer en los negocios. Una de sus grandes aportaciones fue crear entornos en los que las mujeres pudieran desarrollar sus carreras.

La forma de tocar de Mama Carter fue tan determinante en el desarrollo del country, bluegrass, folk y rock, que probablemente no serían lo mismo sin ella. Guitarrista admirada por Woody Guthrie, Jerry García dijo que había algo de la familia Carter en cada una de sus canciones.

A Janis Martin la llamaban la Elvis femenina. Giraba con Carl Perkins o Johnny Cash. Cantó en el Grand Ole Opry con 15 años. Se casó entonces, a su discográfica no le gustó y lo mantuvo en secreto. Una adolescente casada chocaba con la imagen de chica bien que querían transmitir.

d de DIOS Y SU MÚSICA

sister rosetta tharpe
UNA LEYENDA DEL GÓSPEL

Años cincuenta. Primeros pasos del rock and roll. ¿Conocéis a Sister Rosetta Tharpe, Big Mama Thornton o Ruth Brown? Seguramente ni siquiera las habréis oído nombrar o leído su nombre en un libro de historia. El rock and roll se creó también gracias a sus logros y talento. Muchas fueron las mujeres que vivieron en esa década la explosión del rock. Una música que sufrió el rechazo desde sus inicios por considerarla música del diablo. Ellas también vivieron ese rechazo, doblemente si eran de color. Sister Rosetta Tharpe fue una de las grandes voces del rock and roll. Venía del góspel, una de las principales influencias del rock and roll junto con el soul y el blues. Gran parte de las congregaciones tenían mayoría de mujeres entre sus fieles. No es de extrañar, pues, su contribución al rock and roll. La música de Sister Rosetta Tharpe nacía de la fusión del góspel y del blues, pero en su forma de tocar la guitarra se oían despegar las raíces del rock and roll. Antes de Chuck Berry, ya estaba Sister Rosetta convirtiéndose en estrella. Pero a pesar de la enormidad de su aportación a la música, su figura parece haberse diluido en las grandes páginas de la historia del rock.

LA MADRINA DEL ROCK

Sister Rosetta Tharpe fue una estrella del góspel en los cuarenta y cincuenta con su inseparable Gibson SG. Su forma de cantar y tocar la guitarra le dio fama. Consagró su música a Dios, pero el rock la llevó fuera de las iglesias. Fue la primera persona en tocar la guitarra con la boca.

LA MÚSICA DE DIOS

Tharpe era hija de la misionera y cantante de góspel Mother Bell que recogió algodón hasta que recibió la llamada del Señor. Con seis años, su hija tocaba la guitarra y la asistía en sus arengas religiosas. Cruzarse con el blues en Chicago, transformó su música.

EL GÓSPEL EN EL COTTON CLUB

En 1938, se mudó a Nueva York con éxito. La criticaron cuando se atrevió a cantar canciones de góspel en el famoso Cotton Club. En 1945 su «Strange Things Happening Every Day» fue la primera grabación de góspel en el Top 10 de las listas de R&B.

ESTRELLATO Y OLVIDO

Miles de personas pagaron por ir a su boda en 1951 en un estadio en Washington D.C. Hubo concierto, fuegos artificiales y figuras gigantes de ella tocando la guitarra. Tras su muerte, su tumba no llevó nombre durante décadas, ahora se lee: Gospel Music Legend.

OTRAS ARTISTAS

A Atlantic la conocían como «La casa que Ruth construyó». Durante una década, Ruth Brown convertía en hits inmediatos sus canciones. Aun así, años después tuvo que enfrentarse a la compañía que levantó desde la nada por los derechos de sus canciones.

Tras nueve años de lucha incansable, Brown recuperó lo que le pertenecía por ley: los derechos que nunca vio de las canciones que hizo famosas. Fundó también la Rhythm & Blues Foundation para ayudar a otros compañeros y compañeras que habían pasado por lo mismo.

Antes de que Elvis hiciera famoso el «Hound Dog» a golpe de pelvis y la borrara del mapa, Big Mama Thornton ya lo cantó con éxito. Fue escrita especialmente para ella por Jerry Leiber y Mike Stoller y llegó al número 1 en 1953 en las listas de R&B donde estuvo siete semanas.

De los dos millones de copias vendidas, cobró unos míseros 500 dólares. Janis Joplin grabó su «Ball and Chain» después de verla cantar en San Francisco. La discográfica se quedó con el copyright. Willie Mae Thornton no vio ni un duro del éxito que Janis le dio a su canción.

MAMBO CLUB
SAT. NITE
FEB. 1
8: pm to 1: am

Ruth BROWN
the "MAMA" Girl
NEW HITS!
"LUCKY LIPS"
"5-10-15 HOURS"

The Shirelles

♥ *la voz de los sueños adolescentes* ♥

Haciendo realidad los sueños de las adolescentes, los grupos femeninos de los cincuenta y sesenta lograron representar a toda una generación de jóvenes que querían encontrar su propia voz en la música. Los girl groups tuvieron su época dorada, una en la que las mujeres se convirtieron en las protagonistas absolutas. Durante el nacimiento del rock and roll, crecieron aprovechando la armonía de voces que el estilo vocal doo-wop proporcionaba, evolucionando hasta crear algo nuevo e irrepetible que copó las listas de éxitos. Pero igual que llegaron irrumpiendo como un maremoto musical, se fueron. Las mujeres dominaron la escena durante unos años hasta que los Beatles decidieron imitarlas y, sin quererlo, barrerlas con su éxito. En ocasiones se ha dicho que eran grupos prefabricados por sus productores o sellos discográficos. La razón: normalmente no componían sus canciones, cosa no del todo cierta, algunas sí que lo hacían. Sus miembros eran muchas veces intercambiables. Aunque una de sus voces principales dejara la formación, seguían funcionando. Grupos como The Chantels, The Shirelles, The Crystals o The Shangri-Las abrieron una era que ha marcado la historia de la música.

LA EXPLOSIÓN DEL GÉNERO

La era dorada de los girl groups empezó en 1961 gracias a un grupo de adolescentes: The Shirelles y su tema «Will You Love Me Tomorrow». Fue su primer gran éxito, aunque vendrían muchos más. También fue el primer hit de una de las grandes parejas de compositores de la época, Carole King y Gerry Goffin.

Y LLEGÓ EL ÉXITO

La madre de una compañera de clase, Florence Greenberg, dueña del sello Scepter descubrió a The Shirelles. Junto al productor y compositor Luther Dixon grabaron sus grandes éxitos como «Tonight's the Night», un tema escrito por la propia Shirley Owens, una de las chicas de la banda. Les siguió poco después «Will You Love Me Tomorrow».

CONEXIÓN CON EL PÚBLICO ADOLESCENTE

The Shirelles se convirtieron en la voz de los sueños adolescentes. Aunque no fueron las primeras, ellas crearon el sonido característico de los girl groups de la era dorada del rock. Y lo hicieron con su armonía de voces bañada en la suave mezcla de pop-rock y R&B. Sus canciones se convirtieron en el reflejo de la vida de los adolescentes norteamericanos.

FUERON ENGAÑADAS

Hasta que alcanzaron la mayoría de edad Greenberg se había encargado de los beneficios de las Shirelles en un fideicomiso que desapareció para pagar los gastos de la discográfica. Era el resultado de la inexperiencia de unas adolescentes que hacían ganar millones al sello y de los que jamás verían un centavo. En 1968 dejaron la discográfica y poco después se separaron.

OTRAS ARTISTAS

The Crystals fue otro de los grandes grupos de la época dirigido por el productor Phil Spector. Era dueño de su nombre y las tenía atadas por contrato. Poco le importaba a Spector lo que querían sus cantantes.

Spector incluso decidió grabar canciones de The Crystals sin The Crystals. Darlene Love de The Blossoms ponía la voz a sus temas como «He's a Rebel». Ellas se enteraron de lo que había pasado cuando el disco llegó al número 1.

The Shangri-Las se calzaban las botas y los pantalones de cuero para narrar sus historias de amor adolescente, motos y accidentes fatales. Se alejaban así de esa imagen de dulce adolescente que el resto de girl groups ofrecían.

Las canciones de las Shangri-Las tenían un tono más oscuro que las de sus compañeras, incluso un poco más adulto. Motoristas salvajes, accidentes mortales, amores imposibles, todo eso bañaba sus letras.

F DE FENÓMENO MOTOWN
the supremes
EL MAYOR ÉXITO FEMENINO DE LA HISTORIA

La verdadera explosión de los girl groups
llegó con el éxito de Motown. Su creador,
Berry Gordy consiguió lo impensable, que
sus grupos alcanzasen los primeros puestos
de las listas de pop dominadas por artistas
blancos, saltando desde las listas de R&B.
La Motown llegó en un momento crucial
para la historia de América. Con el Movimiento de Derechos Civiles en auge, la
música luchó contra el racismo. La música
negra era vista por la mayoría blanca como
algo negativo. Pero las canciones de los girl
groups eran de todo menos amenazantes.
Martha Reeves con Martha & The Vandellas
junto a The Supremes, se convirtieron en
los grandes grupos del sello. Gordy siempre tuvo una obsesión, crear una diva que
tuviese éxitos a ambos lados de las listas.
Y lo consiguió con Diana Ross, invirtiendo
dinero y esfuerzos inacabables en ello. Creó
un conglomerado de mánagers, compositores y un sello para grabar y distribuir sus
discos. Controlando así todos los aspectos
de sus carreras. En la escuela de Maxime
Powell aprendían a ser elegantes, educadas
y perfectas. A moverse, vestirse, peinarse y
comportarse en sociedad. Les dio la sofisticación que sería marca de la casa.

UNAS NIÑAS

Diana Ross, Florence Ballard y Mary Wilson se conocieron de niñas en el barrio de viviendas sociales en Detroit donde vivían. Todos los días iban a la Motown al salir de clase para convencer a Berry Gordy de que las ficharan. Tenían 15 años. Y pronto se convertirían en The Supremes.

Y LLEGARON AL NÚMERO UNO

Con *Where Did Our Love Go* batieron todos los récords imaginables. Fue el primer álbum de la historia en tener tres número 1. Luego consiguieron cinco números 1 consecutivos entre 1964 y 1965. Todos escritos por el trío de compositores Holland-Dozier-Holland

LA GALLINA DE LOS HUEVOS DE ORO

Grababan anuncios para Coca-Cola, salían en los programas de televisión más famosos, fueron portada de *Time* e incluso tenían productos con su nombre. El sueño de cualquier empresario: encontrar a la gallina de los huevos de oro. Para Berry Gordy, las Supremes lo fueron.

LA ESTRELLA DE DIANA ROSS

Todas las Supremes eran la voz principal en algún momento, pero Berry Gordy quería que Diana Ross se convirtiera en protagonista. Sus compañeras veían como cada vez eran apartadas un poco más. Florence Ballard fue despedida sin un duro y Diana Ross lanzada al estrellato en solitario.

G DE
ganarse el respeto

Carole King

Libertad para crear

Las compositoras de los girl groups tenían control sobre sus carreras, decidían dónde querían trabajar y con quién. Y se ganaban la vida con ello, aunque no fueran la cara visible de sus éxitos. Ellie Greenwich y Carole King se hicieron un nombre por su trabajo. Como compositoras, arreglistas y productoras podían ir un paso más allá que sus compañeras intérpretes, relegadas a simples cantantes sin decisión sobre sus carreras. Puede que estuvieran a la sombra de sus éxitos, pero tuvieron más libertad. Al mismo tiempo, aunque los girl groups copaban las listas de éxitos en los Estados Unidos, la mayoría no componía sus canciones y mucho menos las tocaba. Las mujeres que en los sesenta se atrevieron a formar su propia banda y a tocar sus propios instrumentos eran escasas, pero existían. Bandas como Goldie and The Gingerbreads, The Liverbirds o Luv'd Ones demostraron que un grupo formado por mujeres podía tener tanta energía como uno de hombres. Eran amigas, incluso familiares, muchas veces hermanas. Seguro que no os suenan. La razón: fueron adolescentes que tuvieron una corta carrera musical con pocas grabaciones a sus espaldas.

CAROLE KING, LA COMPOSITORA

Cuando crearon su primer éxito para The Shirelles, King y su marido Gerry Goffin trabajaban en Aldon Music, pero ella empezó a tocar el piano, que tantos éxitos le traería, con 4 años. De adolescente cantaba en grupos vocales. Y grabó algunos singles que no tuvieron éxito.

EL DÚO KING-GOFFIN

En el Queens College conoció a Goffin. Ambos decidieron que la música era lo suyo, así que dejaron sus estudios e intentaron ganarse la vida como compositores. Don Kishner los contrató para componer en el Brill Building. Su éxito fue inmediato.

COMPOSITORA DE ÉXITO

King y su marido no trabajaron solamente con The Shirelles sino con un sinfín de grupos. Durante los sesenta, produjeron muchos de los éxitos que se colaban en el Top 40 día sí y día también.

EL BRILL BUILDING

En el Brill Building se creó un paraíso compositivo al que iban a parar sellos, intérpretes y productores en busca del hit perfecto. Allí trabajaban incansablemente, componiendo canciones con absoluta libertad para crear, mujeres como Carole King o Ellie Greenwich.

OTRAS ARTISTAS

Ellie Greenwich se plantó en el Brill Building y consiguió que Jerry Leiber y Mike Stoller la ficharan. Fue una casualidad, esperaban a Carole King. En 1963 empezó a trabajar con Phil Spector y llegó el éxito escribiendo temas para Darlene Love, The Crystals, The Shangri-Las y The Ronettes.

Goldie & The Gingerbreads fue el primer grupo femenino en fichar por una major. Un girl group que, al contrario de la mayoría, tocaban sus propios instrumentos y componían sus canciones.

The Luv'd Ones estaba formado por dos hermanas: Charlotte y Christine Vinnedge. Los padres de ambas las animaban a seguir sus sueños musicales. Su padre incluso les construyó un estudio en el sótano de su casa en Michigan.

The Liverbirds, siguiendo los pasos de The Beatles, acabaron en Hamburgo tocando en el Star Club. Las anunciaban como las Beatles femeninas. Algo que les dio bastante fama. Siempre comparándolas con sus compañeros masculinos.

Aretha Franklin

EL ALMA DEL SOUL

Tras los girl groups aparece un nuevo tipo de mujer en escena. Los grupos de chicas eran dirigidos por hombres que les decían qué tenían que decir, cómo vestirse o cómo actuar. Ahora dan paso a mujeres temperamentales que deciden su propio camino y no se dejan dirigir. Son artistas solistas con fuertes personalidades. Mujeres como Tina Turner o Aretha Franklin que tomaban la palabra y ejercían su derecho a expresarse. Y lo hacían de una forma que antes no se había visto. Cantaban e interpretaban sus propias composiciones, clamaban por los derechos civiles en sus canciones, se expresaban sin tapujos y arrasaban en el escenario con shows incendiarios. En Estados Unidos surgía una de las grandes voces de la historia de la música. La gran dama del soul Aretha Franklin simbolizaba el género que nació de la mezcla del blues profundo con las raíces del góspel. Franklin supo trasladar ese sentimiento del góspel desde la iglesia a la música no religiosa, dando al soul el alma que le caracteriza. Mientras, la feroz Tina Turner arrasaba en los escenarios y dejaba a todos con la boca abierta.

EL GÓSPEL

A los 8 años Aretha Franklin ya tocaba el piano. Empezó a cantar junto a sus hermanas en el coro de la iglesia de su padre, el Reverendo C.L. Franklin, conocido por sus famosos sermones retransmitidos en la radio y que publicaba Chess Records.

LOS DUROS COMIENZOS

Con 14 años grabó su debut *Songs of Faith: The Gospel Soul of Aretha Franklin*. Se mudó a Nueva York y John Hammond la fichó para Columbia que cometió el error de intentar convertirla en artista de jazz. No tuvo éxito.

ASALTANDO LAS LISTAS DEL POP

Jerry Wexler la fichó para Atlantic. Fue el principio de una nueva Aretha. En 1967 asaltaba las listas de pop con cuatro Top 10. Nacía la gran voz del soul de los sesenta y lo hacía representando a una mujer totalmente diferente: Fuerte, independiente y poderosa.

RESPECT!

Entonces fue cuando Aretha desarrolló su auténtico potencial. «Respect» fue su gran hit. La había cantado Otis Redding, pero Aretha y su hermana Caroline le hicieron su propio arreglo y la convirtieron en un himno a la mujer fuerte y decidida que exige el respeto que se merece.

OTRAS ARTISTAS

Tras convertirse en la sensación musical del momento Tina Turner casi vio su carrera destrozada por el abuso que sufrió por parte de su marido, Ike. Aun así, era una superviviente y consiguió renacer de las cenizas a las que su divorcio la dejó reducida.

Su energía sobre el escenario era algo nunca antes visto. Anna Mae Bullock, más conocida como Tina Turner, era un terremoto sobre el escenario, cargado de energía y sexualidad. Pocas cantantes eran capaces de expresarse como ella en directo.

Su marido, Ike Turner, no solo la maltrataba, sino que controlaba todos los aspectos de su carrera. Cuando grabó sin Ike y con Phil Spector «River Deep, Mountain High» atisbó algo de libertad. Tras su divorcio pasó muchas penurias. Se quedó sin nada.

En los años ochenta volvió al ruedo gracias a *Private Dancer*, un disco de éxito mundial que la coronó de nuevo como la leona del rock. Después llegaron sus papeles en el cine y su famosa autobiografía *Yo, Tina*.

I DE ...
IMPARABLES

Joan Baez

LA GRAN DAMA DEL FOLK

El folk ha sido la cuna de la canción protesta, gente como Pete Seeger y The Weavers, Joan Baez, Odetta o Woody Guthrie abrieron un camino que muchos otros seguirían. En los setenta, con el auge del Movimiento por los Derechos Civiles, artistas que venían del folk tradicional unieron sus melodías con la reivindicación política. Eran años cruciales, de lucha racial y de protestas contra la guerra de Vietnam. Las calles de EE.UU. se llenaban de marchas y protestas civiles contra el gobierno, a favor de la paz, por la igualdad, contra la segregación. Toda una nueva generación encontró en el folk su voz, letras que explicaban su lucha y sus sentimientos. La música se politizaba, pero sin perder calidad. Estas artistas ya no se limitaban a cantar versiones tradicionales del folk, también creaban sus propias composiciones. A través de su música y sus apariciones públicas, hicieron patente su posición política y se convirtieron en la voz de la revolución. Llegaba un momento en el que las mujeres cantaban sin miedo, daban su opinión y se significaban encima del escenario. Ya no eran las comparsas de nadie, ni sus marionetas. Ahora llevaban la voz cantante.

EL COMPROMISO POLÍTICO

Joan Baez fue la voz del folk y sobre todo de la canción protesta y de la lucha incansable por los derechos humanos. Su compromiso político la llevó desde un principio a denunciar las injusticias del mundo en sus canciones y en sus actuaciones.

DISCOS DE ORO

Su primera aparición en el Newport Folk Festival la convirtió en estrella. En 1960 publicó su primer disco, *Joan Baez*, batiendo un récord al convertirse en uno de los discos de folk hecho por una mujer que más vendió. Obtuvo seis discos de oro. Tenía 18 años.

LA LUCHA

En los sesenta tocaba en el sur en locales solo para audiencias de color para luchar contra la segregación. También participó en la famosa marcha junto al Dr. Martin Luther King en agosto de 1963 cantando «We Shall Overcome».

ACTIVISTA INCANSABLE

Joan Baez se negó a actuar en programas de televisión que prohibían las actuaciones de Pete Seeger por estar en la lista negra; estuvo en la cárcel por protestar contra el reclutamiento obligatorio durante la guerra de Vietnam e incluso visitó Hanoi.

OtRAS ARtistas

Odetta fue una de las voces más importantes del movimiento de los derechos civiles en los EE.UU. Joan Baez escuchaba sus discos de adolescente. Su música marcó una época, la más convulsa de los últimos años en América.

Odetta marchó también en 1963 en Washington y cantó «Oh Freedom» junto a un Martin Luther King que la declaró la reina de la música folk. Sin duda, ella fue la voz negra del folk americano.

Joni Mitchell marcó a toda una generación de cantautoras por sus letras y por su forma de tocar, componer y por su inusual manera de estructurar sus canciones, siempre experimentando con toques de folk, jazz y rock.

Mitchell dejó de dar entrevistas después de que *Rolling Stone* hiciera en los setenta un diagrama con sus relaciones amorosas. Su música habla por ella misma y su vida privada no le importa a nadie. A un hombre no se lo habrían hecho.

J de... Janis Joplin

Años sesenta. La liberación de la mujer y la llegada de la píldora a EE.UU. dio una independencia a las mujeres antes impensable. A finales de la década aparecieron las primeras que lideraban sus propias bandas. Ya no eran una simple voz que otros dirigían, sino la cabeza visible de la banda. Una mujer liderando, siendo el motor y la fuerza del grupo era algo totalmente inusual. En el mundo de las grandes bandas de rock como Led Zeppelin o los Stones, que dominaron la escena a finales de los sesenta y setenta, pocas mujeres consiguieron dejar huella en la historia de la música. El rock se masculinizaba y las mujeres eran reducidas a meras groupies. Empezaron a experimentar una libertad que antes no poseían, pero era difícil superar las barreras que la sociedad imponía a los roles femeninos. Mientras esos dioses del rock podían hacer lo que quisieran, si eras una mujer y hacías lo mismo, pagabas el precio. Se criaron con los restrictivos códigos de conducta de los cincuenta, pero desarrollaron todo su potencial durante los revolucionarios años sesenta. Una tremenda contradicción que vivieron encima y fuera del escenario.

UNA VOZ INTENSA

Pocas cantantes han sabido imprimir un sentimiento al cantar como Janis Joplin. Sus interpretaciones emocionaban gracias a su intensa voz, se dejaba llevar sobre el escenario. Vivía las canciones hasta que le dolían. Fuera de él estaba perdida y le invadía la tristeza.

Jefferson Airplane fue de las primeras bandas en saltar de la escena de San Francisco a nivel nacional y la primera en conseguir contrato con una gran discográfica, RCA. Fue gracias a Grace Slick y las canciones que compuso como «Somebody to Love» o «White Rabbit».

COFFEE HOUSES

Janis Joplin nació en un pequeño y conservador pueblo de Texas, Port Arthur. No encajó desde el principio ni con su familia. En la música encontró un refugio. Se marchó de casa a la universidad en Austin, donde cantaba folk y blues en el circuito de Coffee Houses.

Aunque en sus inicios la banda estaba orientada hacia el folk-rock, la entrada de Grace Slick en su segundo disco supuso el endurecimiento de su música, más cercana al rock progresivo y psicodélico. Además, sabía dirigir a la banda como líder natural de la misma.

EN EL MONTERREY POP FESTIVAL

En San Francisco lideró al grupo Big Brother & The Holding Company. Su actuación en el Monterrey Pop Festival, con una Janis desbocada, les dio la fama. Albert Grossman se convirtió en su mánager y ficharon por Columbia. Aunque el éxito no la alejó de las drogas y el alcohol.

En Inglaterra Sandy Denny se convirtió en una de las grandes voces de la música inglesa. Gracias a ella, el folk y el rock se juntaron mientras lideraba Fairport Convention. El sonido del grupo se transformó con su llegada añadiendo guitarras eléctricas.

SU LEGADO

En solitario encontró a su banda en la Full Tilt Boogie Band. Janis grabó en Los Ángeles su disco definitivo, *Pearl*. Uno de los clásicos de la historia del rock y su mejor trabajo. Murió de una sobredosis antes de verlo publicado. Tenía 27 años y se convertía en leyenda.

Con ella Fairport Convention grabaron sus mejores discos. Denny escribía canciones oscuras y emocionales, llenas de simbolismos y metáforas, bañadas por su impresionante voz. Gran compositora siempre creyó que carecía de talento y su falta de autoestima acabó marcándola.

STEVIE NICKS

EL ESPÍRITU DE FLEETWOOD MAC

Finales de los setenta fue una época convulsa en la que nació el rock de grandes estadios y las grandes giras. Un mundo dominado por los hombres que difícilmente dejaría un hueco a mujeres protagonistas. El rock era mucho más maduro, alejado por completo de la música para adolescentes que anteriormente se escuchaba. Dejando de lado a los girl groups, una música que iba dirigida a los adolescentes. El rock se convirtió en algo serio, el músico era un artista y como tal su obra tenía que ser considerada. Nacía así toda una pléyade de guitarristas virtuosos, todos masculinos por supuesto, que se convertían en poco menos que dioses del rock sobre el escenario. Sexo, drogas y rock and roll, el tópico hecho realidad. En este escenario pocas mujeres conseguían dar una visión diferente a ese mundo lleno de testosterona. Es curioso que en un periodo en el que las mujeres empezaban a liberarse, toda una serie de tópicos destacasen ese papel, en el que la mujer no es protagonista, sino todo lo contrario, un mero acompañante bonito, un jarrón, un florero para el rockero de turno. Afortunadamente, había mucho más que eso. Y estas mujeres son prueba de ello.

FLEETWOOD MAC

Stevie Nicks y Christine McVie compusieron algunos de los grandes éxitos de la banda. Sus discos más exitosos fueron *Fleetwood Mac* en 1975 y *Rumours* en 1977. La voz de Stevie Nicks era la gran protagonista mientras Christine McVie era más discreta.

LAS FUERZAS CREATIVAS

Ambas eran polos opuestos y generaban un equilibrio musical en la banda con sus composiciones. En Fleetwood Mac componían por igual, junto a sus compañeros o por separado. Las fuerzas creativas eran igualitarias y todos los miembros tenían el mismo peso.

¿IGUALDAD?

Aunque ambas afirmaron siempre que si hubieran decidido tener hijos seguramente habrían tenido que dejar la banda para cuidarlos, no así sus compañeros, que se casaron varias veces y tuvieron hijos sin problemas.

EL ÉXITO EN SOLITARIO

Nicks ha sido el miembro de Fleetwood Mac que ha disfrutado de mayor éxito en su carrera en solitario, a veces incluso más que la propia banda. Durante años Stevie Nicks ha combinado sus discos y giras con los de Fleetwood Mac.

OTRAS ARTISTAS

En la costa este se cocía una verdadera revolución musical con bandas como la Velvet Underground que fusionaban arte y música. Más experimental, fue muy criticada, pero es sin duda una de las bandas más importantes e influyentes de la historia del rock.

Gran parte del sonido de la Velvet nacía de la peculiar manera de tocar la batería de Moe Tucker. De pie, sin timbales y con una o dos mazas en vez de baquetas, además de usar un kit minimalista. Un estilo que ella misma inventó.

Maureen Tucker no era la chica del grupo, era un miembro más, y además era una de las pocas mujeres baterías de rock en la época, por no decir casi la única. Pero no sólo tocaba la batería, también cantaba, tocaba el bajo y la guitarra.

De la mano de Andy Warhol, la modelo y cantante Christa Päffgen, más conocida como Nico, entró en el círculo de la banda. Aunque las tensiones entre ellos estuvieron ahí desde el principio, es indudable la aportación de la cantante al primer disco de la Velvet Underground.

Suzi Quatro
UNA MUJER ROCKERA

A finales de los sesenta y principios de los setenta las mujeres dentro del rock eran más reconocidas como cantantes que como instrumentistas. Los riffs parecían estar relegados a los dioses del mástil. Las mujeres parecían ser meras musas o voces de acompañamiento. O peor aún, groupies que servían para complacer los deseos de sus ídolos. Pero lo cierto es que en el camino había mujeres dando una imagen diferente y rompedora. Y lo hacían también como instrumentistas, aunque pudiera parecer una rareza. Un buen ejemplo de ello es Suzi Quatro, que con su éxito «Can The Can» cambió por completo la perspectiva que se tenía de una mujer rockera sobre el escenario: una que lideraba su propia banda, tocaba el bajo y se atrevía a embutirse en cuero negro. Era 1973, pero ya hacía casi diez años que Quatro se paseaba por el rock. No acababa de caerse del cielo. Y como ella, muchas formaciones más. Quatro tuvo éxito, pero venía de una tradición de bandas de garage rock como The Pleasure Seekers, Goldie & The Gingerbreads, The Luv'd Ones o The Liverbirds. Le seguirían formaciones femeninas con instrumentistas en sus filas como The Runaways, Fanny o Birtha, por mencionar solo unas cuantas.

EL REFERENTE

Si Suzi Quatro no hubiera existido, quizás Joan Jett no habría seguido el mismo camino que tomó en su carrera. Era su ídolo. Joan Marie Larkin formó su primera banda con 15 años. Pero una vez convertida en Joan Jett alcanzó la fama gracias a la banda de culto The Runaways.

THE RUNAWAYS

Muchas personas las consideraron un producto prefabricado por Kim Fowley. Nada más alejado de la realidad. Él las ayudó, pero la idea de formar su propia banda de chicas era de Joan Jett y cuando conoció a la batería Sandy West, la chispa de la banda surgió.

UNA HUELLA EN LA HISTORIA DEL ROCK

Desde el principio The Runaways fueron criticadas duramente por la prensa por hacer lo mismo que los grupos masculinos. A pesar de todos los esfuerzos por ridiculizarlas, dejaron su huella en la historia del rock. Gracias también a Lita Ford y a la cantante Cherie Currie.

ÉXITO Y SEPARACIÓN

Con «Cherry Bomb» se convertían en éxito en Japón y publicaban su famoso *Live in Japan*, pero en Estados Unidos no reconocían su talento. La guitarrista Lita Ford y Joan Jett fueron las únicas que continuaron su carrera con éxito cuando la banda se separó.

OTRAS ARTISTAS

En 1970, Fanny fue la primera banda femenina de rock en publicar un disco con una gran discográfica metiendo dos canciones en el Top 40 de Billboard. Las hermanas June y Jean Millington fueron el alma del grupo. Nacidas en Filipinas se mudaron a EE.UU. siendo adolescentes.

Tras publicar su primer disco, la banda tocaba habitualmente en el Whisky-A-Go-Go. Emprendieron una gira para presentar su disco y músicos como David Bowie o los Stones se declararon fans.

La prensa, en cambio, las trató como la novedad, una banda de chicas que cantaba, tocaba y componía sus propias canciones, pero no las veían como músicos profesionales, un grupo que se pudieran tomar en serio.

Fanny fueron importantes porque, por primera vez, mujeres que tocaban instrumentos eléctricos tenían visibilidad y eran reconocidas como músicas. Con ellas se abrió una puerta que muchas discográficas traspasaron, sumándose al carro y fichando a grupos femeninos.

Debbie Harry

UNA MUJER EN UNA BANDA DE HOMBRES

Había un buen puñado de bandas femeninas en los setenta recorriendo los escenarios de medio mundo, grabando discos e intentando sobrevivir. De muchas de ellas, probablemente no habréis oído hablar nunca. Pero también había otras bandas lideradas por mujeres y con miembros masculinos en sus filas que dejaron huella en la historia del rock. Grupos como Heart de las hermanas Wilson, los Pretenders de Chrissie Hynde o Blondie con Debbie Harry. Estas mujeres debieron enfrentarse a muchos prejuicios. Muchas veces se las juzgaba por su aspecto físico. Tuvieron que enfrentarse a envidias del resto del grupo, hombres en su mayoría, que veían como ellas recibían mucha más atención por parte de la prensa y el público. A pesar de ello, eran las líderes natas de la banda. Sin ellas, no habrían existido. Aunque era una banda mixta, estaba claro que tanto Nancy como Ann Wilson eran las líderes de Heart, pero tuvieron que defender a capa y espada que eran una banda y no un dúo. Ellas escribían y componían sus canciones y como en otros grupos con mujeres en sus filas, recibían una atención mayor por el simple hecho de ser mujeres y no por su talento musical. Una imagen contra la que lucharían toda su carrera.

DEBBIE HARRY, PLURIEMPLEADA

Empezó su carrera musical en la banda de folk rock Wind in the Willows, aunque sólo publicaron un disco en 1968 sin éxito. Debbie Harry tuvo innumerables trabajos para sobrevivir, desde conejita de Playboy a camarera en el Max's Kansas City.

UNA BANDA HACIA EL ÉXITO

En 1973 se cruzó con Chris Stein y juntos formarían Blondie. Triunfaban en Inglaterra, pero en EE.UU. parecía que no existían, aunque tocaban incansablemente en la escena de Nueva York. En 1978 y con *Parallel Lines*, la banda logró despegar y llegar al número 1.

UNA ACTITUD PROVOCATIVA

Por supuesto, el hecho de ser una mujer en una banda de hombres hizo que recayera más atención sobre ella que en el resto del grupo. Más con la actitud provocativa y agresiva de Harry sobre el escenario.

CALL ME!

SU PAPEL COMO COMPOSITORA

La mayor parte de los grandes éxitos del grupo están coescritos por ella. Aunque siempre acabaran destacando más sus actuaciones o su apariencia sexy que su papel como compositora de canciones como «Heart of Glass», «Call Me» y «One Way or Another».

OTRAS ARTISTAS

Chrissie Hynde ha sido la indiscutible líder de Pretenders. Se podría decir que el grupo es ella, junto con el batería son los únicos miembros originales que siguen en la misma. Natural de Akron, Ohio, descubrió el rock gracias a la radio a la que se pasaba horas pegada.

En 1973 se mudó a Londres donde tocó en varias bandas de punk, pero fue al volver a EE.UU. cuando encontró su camino. Formó Pretenders en 1978 junto al guitarrista James Honeyman-Scott, el bajista Pete Farndon y el batería Martin Chambers.

En 1980 publicaron su primer álbum *The Pretenders*, un disco que se convirtió en un éxito inmediato. El rock accesible de la banda se alejaba del punk del que habían nacido y destacaba sobre todo la presencia de Hynde.

Aunque varios de sus miembros murieron a causa de las drogas, Hynde siguió adelante con la banda y aún continúa sobre los escenarios. Con su guitarra, su voz y su actitud rockera. Pretenders siguen haciendo giras, en sus conciertos, Chrissie Hynde es la jefa. Y es muy jefa.

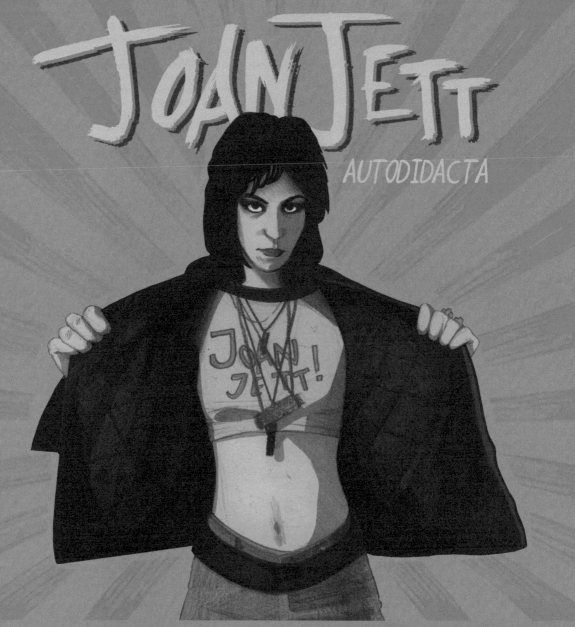

JOAN JETT

AUTODIDACTA

Antes de lanzarnos de lleno a los años del punk y la presencia de las mujeres en este estilo musical, adentrémonos un poco en los ochenta. La influencia de Suzi Quatro y de las Runaways fue más allá de su propia existencia y no solamente porque Joan Jett o Lita Ford, miembros de la banda, emprendieran carreras exitosas en solitario, sino porque fueron el timón que guio a muchísimas mujeres que se adentraron en el rock en esa década. Unos años además en los que la MTV empezó a abrirse camino y a cambiar la industria musical, años en los que si no eras sexy y atractiva (siempre según el canon masculino, por supuesto), poca presencia podías tener en la televisión. Reconozcámoslo, los ochenta no fueron una buena época para casi nadie. Y menos para la mujer en el rock. Casos como el de Joan Jett son buen ejemplo de ello. Aunque luego consiguiera triunfar, el hecho de tener que crear su propio sello para lanzar su primer disco en solitario, ya que no encontraba discográfica que quisiera hacerlo, lo dice todo. Pero había mujeres dentro del rock exigiendo el lugar que les pertenecía.

JOAN JETT, LEYENDA DEL ROCK

Joan Marie Larkin nació en Philadelphia pero se mudó con su familia a Los Ángeles cuando tenía 12 años. Fan absoluta de Suzi Quatro, gracias a ella decidió colgarse la guitarra que aprendió a tocar de manera autodidacta. Así nació Joan Jett.

TRAS THE RUNAWAYS

Con 15 años formó su primera banda y escribió su nombre en la historia del rock con The Runaways. Aunque la banda no ganó un duro. Además, tras la separación, parecía imposible encontrar sello que publicara a una mujer líder de su propia banda y guitarrista principal.

SU PROPIA DISCOGRÁFICA

Recibió más de 23 rechazos de sellos que no querían publicar su disco. Al final lo publicó bajo su propia discográfica, Blackheart Records. *Joan Jett* era un disco mucho más rockero que los trabajos de las Runaways. Y «Bad Reputation» su buque insignia.

UN NOMBRE EN LA HISTORIA DEL ROCK

También fundó su banda, The Blackhearts. Con ellos grabaría su mayor éxito *I Love Rock 'n' Roll* publicado en 1981. El disco se colocó en el número 2 de las listas. El resto es historia. La fama de Joan Jett va más allá de su música y sus éxitos discográficos. Ella es el rock.

OTRAS ARTISTAS

Pat Benatar fue una de las grandes voces femeninas del rock en los ochenta. Su potencia vocal le facilitó cambiar de registro con soltura pasando del rock duro a la balada melódica o el pop-rock. Y además llegó en la era MTV. Sus vídeos eran de los más emitidos.

En 1980 publicó el que es considerado su mejor disco, *Crimes of Passion*. Fue el que verdaderamente le abrió las puertas de la fama y de los Grammy. Ganó durante cuatro años consecutivos el premio a mejor interpretación vocal femenina de rock.

Pocas mujeres instrumentistas consiguieron triunfar esos años, a Bonnie Raitt le costó años de carrera hasta que en 1989 su décimo disco, *Nick of Time*, la hizo despegar. Hacía dos décadas que con su guitarra le cantaba al blues mezclándolo sabiamente con rock y algo de R&B.

Fue prácticamente la única mujer a la que se consideró por su talento como guitarrista, sobre todo por su uso del slide al tocar, una técnica de guitarra que se caracteriza por pulsar las cuerdas en el mástil con un objeto deslizante.

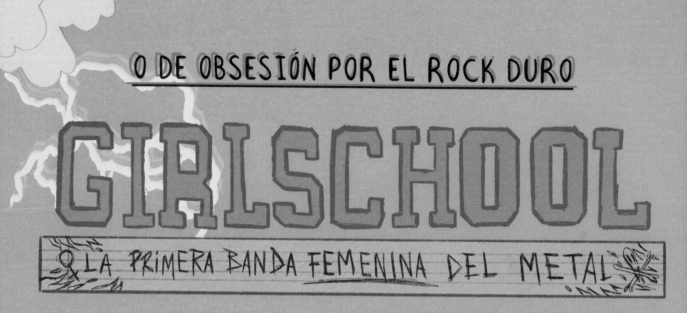

O DE OBSESIÓN POR EL ROCK DURO

GIRLSCHOOL

LA PRIMERA BANDA FEMENINA DEL METAL

Durante los años ochenta, sobre todo a finales de la década, con el auge del glam rock en EE.UU. y en la escena californiana de Los Ángeles en particular, surgieron diversas bandas femeninas de metal. Entre ellas grupos como Vixen, Precious Metal o Rock Goddess. Vixen vestían, cantaban y tocaban igual que otros grupos ochenteros, como Poison, Mötley Crüe o Guns N' Roses, pero, claro, eran mujeres. A pesar de ello, su éxito fue claro. Aunque facturaban un rock más atemperado y comercial. Las llamaban entonces «las Bon Jovi femeninas», siempre comparándolas con los hombres. Vendían millones de discos, pero recibían el varapalo de los críticos sin piedad. Bandas de metal femenino había unas cuantas, pero pocas recibieron la atención y el éxito de grupos como Vixen. Pocas de ellas consiguieron contrato discográfico por una simple razón: no eran consideradas como vendibles. Las mujeres no venden, esa es la excusa que aún hoy en día siguen dando. Algo que no es cierto. Pero la primera banda femenina de metal llegó desde Inglaterra.

EL GERMEN GIRLSCHOOL

Formada en Londres en 1977, la bajista Enid Williams y la cantante y guitarrista Kim McAuliffe fueron el germen de la banda. Sus hermanos y primos tenían grupos, pero ninguno las quiso aceptar como miembro, no tocaban con chicas. Así que montaron su propio grupo.

DE GIRA CON MOTÖRHEAD

Su primer single «Take It All Away» llamó la atención de Doug Smith, el mánager de Motörhead. Fue él quien decidió llevárselas como teloneras de la banda en la gira del *Overkill* en 1979 y también fue su mánager. Con la banda hicieron incluso un EP compartido.

CHÚPATE ESA JEFF BECK

Su furioso «Race with the Devil» sorprendió al mismísimo Jeff Beck que no se creía que una chica pudiera tocar la guitarra de esa manera. Girlschool le invitaron a uno de sus conciertos para que pudiera comerse sus palabras, guitarra incluida.

AÚN EN ACTIVO

La banda se separó después de publicar *Take a Bite* en 1989, pero han vuelto a reunirse y sigue pateando culos sobre el escenario de festivales, demostrando que las mujeres tienen su sitio en una escena tan masculinizada y machista como la del heavy.

OTRAS ARTISTAS

Doro Pesch es una de las grandes reinas del metal. Esta rockera incombustible alcanzó la fama en el heavy como cantante de la banda alemana Warlock. Dorothee Pesch estudió piano y canto a muy pronta edad, pero el rock llamó a su puerta.

Mientras estudiaba diseño gráfico, cantaba en diversas bandas de garage en su Düsseldorf natal. A principios de los ochenta empezó a cantar en la banda Snakebite con la que grabó una demo, antes de formar la famosa banda de metal Warlock.

Doro se convirtió rápidamente en líder del grupo, atrayendo a fans y prensa a partes iguales. Grabaron cuatro discos de éxito. Tras la disolución del grupo, Doro emprendió una batalla legal contra su mánager que perdió por el nombre y los derechos del merchandising de Warlock.

Aunque los recuperó en 2011, a partir de la disolución de Warlock y sin poder usar ese nombre, Doro Pesch emprendió carrera en solitario como Doro y aún a día de hoy sigue siendo una de las grandes voces del metal.

F**K THE CLOCK

Patti Smith

SALVAJE Y LIBRE

MEDIA IS NOT GOOD

Los setenta fue la era del nacimiento del punk. Mientras los grandes grupos de rock acumulaban toneladas de equipo para perfeccionar el sonido de sus directos, el punk volvía a las raíces, a los tres acordes, al garaje de casa en el que tocar con amigos. El punk cambió la perspectiva musical del mundo. Cualquiera podía hacer música, tener una banda, tocar. La juventud encontraba su forma de expresarse a través de esta música tan diferente. Conectó con toda una generación desencantada que no veía un futuro a su vida. Las mujeres pasaron de tener un papel de fan y adoradora del dios del rock, a encontrar su propio espacio gracias al punk. Un sitio en el que expresarse y dar rienda suelta a su verdadero yo. Uno salvaje y libre, alejado de los estereotipos de la época en el que además podían expresar su sexualidad con libertad. La sociedad no estaba preparada ni quería estarlo, pero eso a las mujeres del punk, poco les importaba. La rabia surgía de la incomprensión, del aburrimiento, de jóvenes rebeldes que buscaban una forma de expresar lo que sentían y que encontraron en el punk a su mejor aliado. Y qué mejor representante del espíritu del punk que Patti Smith. Sin ella, el punk no sería lo que es. Sin duda.

LA MADRINA DEL PUNK

Patti Smith quería ser poeta. Hasta que la animaron a poner música a sus poemas, ni se planteó dedicarse a ello. Y haciéndolo, revolucionó la historia de la música. Fue con su primer disco *Horses* publicado en 1975. Un disco imprescindible.

AMIGO COLABORADOR

En *Horses* compartía banda con su gran amigo Lenny Kaye. La primera vez que actuaron juntos fue en un recital en la iglesia de St. Mark en febrero de 1971. Ella recitando y él a la guitarra. Desde entonces, y hasta hoy, siguen colaborando juntos.

CANCIONES SOBRE LA LIBERTAD

Patti Smith fue la líder de su propia banda cuando pocas mujeres lo eran. No dejó que la sexualizaran como a tantas otras mujeres del mundo de la música. Cantaba sobre la libertad, «People have the Power» decía su canción convertida en himno del rock. Y tenía razón.

UNA REFERENTE PARA EL FUTURO

Patti Smith abrió la puerta a otras tantas mujeres que vinieron después. Siendo siempre independiente por encima de todo. Siguiendo su propio camino y grabando sus discos siempre como ha querido. Nunca ha dejado que le digan lo que tiene que hacer. Y ahí sigue.

OTRAS ARTISTAS

El punk angelino era diferente al punk de Nueva York. Más duro y más agresivo como demostraban las canciones que escribía Exene Cervenka para su banda X junto a John Doe. Su primer disco, *Los Angeles*, era un vivo y duro retrato de la ciudad.

Avengers fue una de las primeras bandas punk de la bahía de San Francisco. La agresiva Penelope Houston, con su pelo corto y rubio y sin maquillaje, presentaba una imagen totalmente opuesta a otras de sus compañeras del punk durante aquellos años.

Alicia Armendariz, más conocida como Alice Bag con su banda The Bags fue uno de los puntales de la primera oleada del punk en Los Ángeles. Además de ser una de las pocas representantes chicanas del movimiento.

Aparte de ser cantante, compositora y líder de su propia banda, Alice Bag también es autora, educadora y una activista incansable. La cultura underground de Los Ángeles no sería la misma sin ella.

X-RAy SPex
O cómo RomPER LAS CADENAS

Siempre se señala a América como la cuna del rock. Y es cierto. No hay duda que Inglaterra ha sido una de las catalizadoras de los grandes movimientos dentro del género. Primero gracias a los Beatles y luego al punk con grupos como Sex Pistols, The Clash o The Damned. El paro galopante y la crisis económica que vivía abocaba a los jóvenes a un «No Future» como cantaban los Pistols. Y la música les servía para desahogarse. Pero ¿había mujeres entre esos grupos? Sí, y muchas. Grupos como X-Ray Spex, Siouxsie & The Banshees, The Raincoats, Crass o The Slits son buena prueba de ello. Con su música pudieron gritarle a las injusticias, hicieron política activa, lucharon por causas justas, contra el racismo, el sexismo... Las mujeres encontraron en el punk una vía de escape para expresar su rabia por las injusticias que como mujeres vivían. Con su música, pudieron explorar su agresividad, su rabia y su poder. Nadie iba a decirles lo que decir, cantar o hacer con su vida. Pero no solo eso, sino que gritarían con fuerza contra todo lo que no les gustaba de una sociedad que esperaba de ellas que fueran buenas niñas, encontraran un trabajo decente hasta que se casaran y lo dejaran para tener hijos y cuidar de su marido.

Va a ser que no.

EL NACIMIENTO DEL GRUPO

Marion Elliot-Said, más conocida como Poly Styrene, puso un anuncio en una revista al que respondió una quinceañera Susan Whitby que tocaba el saxofón y que, siguiendo el ejemplo de Styrene, se cambió el nombre a Lora Logic. Así nació el grupo X-Ray Spex.

UN ERROR MONUMENTAL

El single debut de la banda fue el visceral «Oh Bondage, Up Yours» de 1977, un clásico del punk. Confundiéndola con una canción sobre el bondage, la BBC la prohibió. Error. La canción hablaba de romper las cadenas de la esclavitud del mundo material.

GERMFREE ADOLESCENTS

En 1978 publicaron su primer trabajo, *Germfree Adolescents*. Un álbum seminal que, aunque no alcanzó grandes puestos en las listas, se ha convertido en uno de los discos imprescindibles de la historia del punk. No dejes de escucharlo.

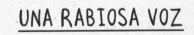

UNA RABIOSA VOZ

Poly Styrene nunca tuvo miedo de decir lo que pensaba. Y lo demostraba en sus explosivos directos marcados por su rabiosa voz y su fuerte presencia escénica. En sus canciones atacaba al sistema establecido desafiando a una sociedad que aprisionaba a las mujeres.

OTRAS ARTISTAS

The Slits fueron la primera banda punk formada únicamente por mujeres que grabó un disco. Su música ha influido a muchas riot grrrls y rockeras posteriores. Apenas sabían tocar dos o tres acordes, pero aun así consiguieron lanzarse a la aventura. En 1979 lanzaron su primer disco, *Cut*, producido por la leyenda del reggae Dennis Bovell. Un trabajo puntal dentro del punk inglés. Las guitarras rabiosas de sus primeras composiciones dieron paso a los ritmos reggae. Y Viv Albertine entró en la banda como guitarrista.

The Raincoats fueron más allá del punk añadiendo ritmos tribales con influencias del dub y el reggae a sus composiciones, aparte de mostrar en sus letras una conciencia política y feminista marcada. Sus discos, siempre reivindicativos, gritaban por la libertad de la mujer.

Rough Trade publicó en 1979 su primer single «Fairytale in the Supermarket» y su primer disco homónimo. En 1993 Kurt Cobain convenció a Geffen para que reeditaran sus dos primeros discos. Se recuperaba así para la música a una de las bandas de punk más importantes.

R DE RIOT GRRRLS

BIKINI

KILL

Referentes feministas

A mediados de los ochenta, el hardcore había barrido literalmente a las mujeres de los conciertos y los escenarios. Pero eso no significa que las mujeres se quedaran esperando a que los hombres y su agresividad les dieran permiso para formar parte de la escena, crearon la suya propia. Así nació el movimiento Riot Grrrl que reforzó un sentimiento de comunidad, de ayudarse las unas a las otras y de expresar con rabia lo que consideraban una injusticia. Cantaban sobre acoso sexual, violaciones o los prejuicios que sufrían por ser mujeres. Por fin, un movimiento musical abordaba la problemática de ser mujer y no lo hacía desde el pop sino desde los sonidos más aguerridos, con guitarras estridentes y gritos desaforados. Olympia fue una de sus cunas. Ese sexismo que parecía impregnar ciertas partes de la escena musical encontró la horma de su zapato en un buen puñado de riot grrrls dispuestas a demostrar que el mundo también era suyo. El movimiento creció fuera del mainstream a base de fanzines, reuniones feministas y mujeres que querían un espacio propio en el que crear y expresarse.

TODO EMPEZÓ EN UN FANZINE

La banda se formó a finales de los ochenta en la Universidad de Evergreen, Olympia, donde estudiaban Kathleen Hanna, Tobi Vail y Kathi Wilcox. Habían participado en diferentes fanzines feministas y pronto crearon el suyo propio, *Riot Grrrl*.

RECLAMANDO SUS DERECHOS

Eran mujeres que actuaban y reclamaban lo que les pertenecía: sus derechos. En sus canciones gritaban con rabia contra el abuso sexual, la violación o el maltrato. Sus directos incendiarios y combativos convirtieron a Kathleen Hanna, su cantante, en un referente.

KATHLEEN HANNA

Actuaba con la palabra *bitch* o *slut* dibujada en sus brazos o su tripa, para denunciar los estereotipos machistas a los que se sometía a las mujeres. Hanna escribió el Riot Grrrl Manifesto que dictaba los principios del movimiento.

RIOT GRRRL MANIFESTO

Su participación en la histórica International Pop Underground Convention de 1991 en Olympia marcaría el inicio del movimiento riot grrrl. Una convención creada por K records que nacía como un espacio más allá de las convenciones musicales dominadas por la industria.

OTRAS ARTISTAS

En la convención tocaron otras riot grrrls como Bratmobile, Heavens to Betsy, de la que saldría Sleater-Kinney, o 7 Year Bitch. Bikini Kill publicó ese año su primera demo en casete, la seminal *Revolution Girl Style Now* y su famoso tema «Rebel Girl».

Otra de las bandas del movimiento fue Bratmobile. Fundada por Allison Wolfe y Molly Neuman. Ambas se conocieron en la Universidad de Oregón. Fundaron su propio fanzine *Girl Germs* que sería posteriormente el título de su primera canción.

La escena riot grrrl creó espacios seguros donde tocar y asistir a conciertos sin ser acosadas, redes de apoyo a mujeres maltratadas y muchas acciones más. Era una comunidad feminista en la que todas se apoyaban y ayudaban.

Team Dresch fueron la cabeza visible del llamado queercore dentro de las bandas formadas por mujeres que surgieron del movimiento riot grrrl. El queercore unía la filosofía del punk con las reivindicaciones del colectivo LGTBI+.

TEAM DRESCH

Personal Best

YOKOno

UNA ARTISTA CONCEPTUAL

El punk aportó a la música una filosofía de vida diferente, una en la que podías tener el control de tu obra. El «hazlo tú misma» daba mucha más independencia a las artistas y la forma en la que trabajaban y enfocaban su música. Era una experiencia liberadora. Las mujeres tenían una voz que no dudaban en usar y una rabia que podían expresar sin miedo. Cuando el punk empezó a perder fuelle, muchas mujeres encontraron refugio para expresar sus emociones en la música más underground. Y lo consiguieron acercándose a las vanguardias, al arte e incluso a la performance. El arte les daba una libertad que muchas veces no encontraban en otras esferas de su vida. Muchas de ellas ni siquiera tenían intención de dedicarse a la música, pero su obra les llevó a ella. Directa o indirectamente, acabaron haciendo música que surgía desde el arte más conceptual, la poesía, la pintura o la escultura. La música se elevaba hacía el arte. Aunque muchas veces encontrara también otros impedimentos: el de los que no comprendían que desde una visión totalmente diferente e innovadora se podía hacer rock.

NO, NO TUVO LA CULPA DE TODO

Yoko Ono fue una pionera que se adelantó a su tiempo, pero que lamentablemente fue vilipendiada y atacada sin compasión. No, la culpa de todo no la tuvo Yoko Ono. Pero es más fácil echar la culpa a ella de la separación de los Beatles que a sus egos masculinos.

ANTES DE LENNON

Yoko Ono ya era una conocida artista conceptual en solitario o con el grupo Fluxus y había colaborado con La Monte Young, John Cage u Ornette Coleman, entre otros músicos. Su música siempre ha sido experimental y sus feministas letras no tienen pelos en la lengua.

ARTISTA PLURIDISCIPLINAR

Yoko Ono nació en 1933 en Tokio en el seno de una familia adinerada que nunca quiso que se dedicara al arte. Pionera de las performances y el arte conceptual. Su obra *Cut Piece*, representada en 1964, es una de las primeras performances de la historia.

UNA FUERTE PERSONALIDAD

Junto a Lennon publicó varios discos muy experimentales. En la Plastic Ono Band encontró a su banda y se acercó al rock más duro. Su carrera en solitario ha estado marcada por su fuerte personalidad, que se puede apreciar en discos tan irónicos como *Yes, I'm a Witch*.

OTRAS ARTISTAS

Cuando empezó su carrera como artista visual, Laurie Anderson nunca se imaginó que acabaría dedicándose a la música. Ésta era un elemento más de sus obras que fue adquiriendo vida propia más allá de sus límites artísticos.

Tras el éxito inesperado del single «O Superman» de su disco *Big Science*, Anderson acabó no solo introduciéndose en el mundo de la música sino llevándola aún más allá. Sin dejar de lado, por supuesto, su faceta como innovadora artista multimedia.

Kate Bush consiguió algo impensable para una mujer, e incluso para un hombre, control absoluto de su carrera en todos y cada uno de sus aspectos. Construyó su propio estudio de grabación donde producía sus discos como el exitoso *The Hounds of Love*.

Kate Bush se basaba en la literatura para inspirarse, en obras de las hermanas Brönte o de Tolstoi. Para ella, su arte era lo importante, por eso no hacía giras y no concedía apenas entrevistas.

T DE TERREMOTO SONORO

KIM GORDON

Líder de Sonic Youth

A finales de los ochenta y principios de los noventa, todo un movimiento alternativo surgió primero de las ciudades universitarias y posteriormente se extendió por todo el país. Se le llamó rock alternativo en contraposición al rock que sonaba en la mayoría de radios en aquella época, un género que se había vuelto masivo y popular. Sus canciones se hacían conocidas gracias al boca oreja, a tocar en clubes pequeños underground y en universidades, a sonar en las emisoras universitarias, a crear sus propios fanzines y a publicar con sellos independientes. Todo un movimiento que nació fuera de los márgenes de la industria y que quería expresarse de forma diferente. Había toda una filosofía DIY en ello, con pocos medios, pero hazlo sin el objetivo de vender masivamente. Ten el control de tu obra. Toda una nueva generación de jóvenes músicos y músicas abrazaron esta filosofía. Su sonido era heredero del espíritu del punk de los años setenta, pero con una sonoridad más agresiva y menos melódica. Grupos como Sonic Youth, Pixies, The Breeders o Throwing Muses se erigieron en portavoces de esta generación que daría fruto al grunge, al noise rock, al shoegaze y al indie rock.

UNA ARTISTA VISUAL

Kim Gordon nació en Nueva York, pero se crio en Los Ángeles donde su padre era profesor universitario. Su principal pasión era el arte y como artista visual desarrolló su talento antes de lanzarse a la música. Gordon se graduó en Bellas Artes.

SONIC YOUTH

En 1980 se mudó a Nueva York, participó en la escena artística del SoHo, hizo de comisaria de exposiciones y escribió para revistas de arte. Un año después formó Sonic Youth junto a Thurston Moore. A ellos se unieron Lee Ranaldo a la guitarra y Steve Shelley a la batería.

PIONEROS DEL NOISE ROCK

Es indudable el papel de Sonic Youth como pioneros del noise rock. El sonido de la banda bebe tanto de las guitarras distorsionadas de Ranaldo y Moore, como de la forma hipnótica de tocar el bajo que Gordon desarrolló a medida que experimentaban con su música.

UNA CARRERA EN SOLITARIO

Gordon fue bajista, vocalista y compositora de la banda. Tras la desaparición de Sonic Youth, ha publicado discos en solitario, con Free Kitten o Body/Head. También ha producido álbumes como el *Pretty on the Inside* de Hole.

OtRAS ARtistAS

Aunque The Breeders nació como un proyecto paralelo para dar salida a canciones que Kim Deal no podía llevar a Pixies, pronto se convirtió en una de las bandas más importantes del movimiento alternativo.

El grupo lo formó Kim Deal y su hermana gemela Kelley. Kim estaba cansada de estar a la sombra de Black Francis, que priorizaba sus canciones sobre las de ella en Pixies. Su segundo disco, *Last Splash*, les dio la fama gracias al éxito del single «Cannonball».

Donita Sparks y Suzi Gardner formaron L7 tras conocerse trabajando en el diario *L.A. Weekly*. Su música aprovecha lo mejor del punk y el rock con unas letras y actuaciones abiertamente feministas que revirtieron el mito del macho del rock aprovechándolo y haciéndolo suyo.

En 1991 salió su primer EP *Smell The Magic*. Ese año también crearon Rock for Choice, una organización que luchaba por el derecho a decidir sobre el aborto y que organizaba conciertos para recaudar fondos. En 1992 publicaron su disco más representativo *Bricks Are Heavy*.

LIZ PHAIR

EL RELATO MUSICAL DE LAS MUJERES

La explosión alternativa con el movimiento Riot Grrrl había dado alas a muchas mujeres que encontraron en el rock la vía de expresarse, pero también una forma de reivindicar sus derechos como mujeres. Mientras el grunge y la música alternativa salían de su entorno originario en Seattle y se expandían por las ondas de medio mundo para hacerse masivos, gracias a la explosión del *Nevermind* de Nirvana, otras mujeres también buscaban su propio camino. Se acercaban al rock desde puntos de vista y perspectivas diferentes. Cada una de ellas encontró una forma única de expresarse, pero siempre reivindicando a la mujer como protagonista de sus canciones. Ya no son los hombres los que escriben el relato musical de las mujeres, sino que ellas mismas lo marcan a fuego a través de sus letras y de sus melodías. Mujeres como Liz Phair, Sarah McLachlan o Ani DiFranco han seguido su propio camino en el mundo del rock desde perspectivas muy diferentes y además ayudando con sus iniciativas a otras mujeres.

UNOS DIFÍCILES COMIENZOS

Phair se había criado en un suburbio de Chicago. Adoptada de niña, tocaba el piano desde pequeña y en séptimo curso se pasó a la guitarra. Después de estudiar arte, su amigo Chris Brokaw, miembro del grupo Come, la animó a grabar sus propias canciones.

EXILE IN GUYVILLE

Así nacieron las cintas de casete *Girly Sound* que le valieron el fichaje por Matador Records. En 1993 publicó *Exile in Guyville*, un disco en el que, canción a canción, daba respuesta al *Exile on Main Street* de los Stones. Siempre desde el punto de vista de una mujer.

EN LA ESCENA ALTERNATIVA

El título del disco hace referencia también a la canción de Urge Overkill, «Goodbye to Guyville», como el grupo llamaba a la escena alternativa masculina de Chicago. Phair pretendía así marcar lo masculinizada que estaba y cómo se sentía como mujer en la misma.

AL ÉXITO POR EL BOCA OREJA

Aunque Matador sacó solamente tres mil copias de *Exile in Guyville*, el disco acabó vendiendo 500.000 gracias al boca oreja. Muchas de sus canciones hablaban de sexo abiertamente y eso imposibilitaba que sonasen en las radios comerciales. Pero consiguieron triunfar.

Una de las grandes aportaciones en los noventa a dar una mayor visibilidad a las mujeres en el rock fue el exitoso festival Lilith Fair creado por Sarah McLachlan. Los que pensaban que las mujeres no podían atraer al público a sus conciertos no estaban en lo cierto.

McLachlan era la única artista que repetía. En las más de 30 actuaciones pasaron por su escenario artistas como Patti Smith, Indigo Girls, Jewel, Lisa Loeb, Fiona Apple o Aimee Mann, entre otras. Siempre mujeres.

Ani DiFranco consiguió llegar al gran público del rock. Con una ética insobornable, la cantante y compositora logró convertirse en un modelo de negocio a seguir, gracias a la creación de su propio sello independiente, Righteous Babe.

Lo creó para poder distribuir mejor su música. Se había reunido con una compañía independiente para firmar con ellos, pero el contrato que le presentaron le pareció tan abusivo que lo rechazó. Era mejor seguir su propio camino con sus propias reglas.

Alanis Morissette

En las listas de éxitos

En los noventa, unas cuantas mujeres se alzaron con los primeros puestos de las listas de rock. Era un hecho sin precedentes. Desde una vertiente más comercial, llevaban el rock a las masas y alcanzaban a un público al que nunca antes habían llegado. Copaban las listas de éxitos. Fueron mujeres como Alanis Morissette, Sheryl Crow o bandas lideradas por mujeres como Dolores O'Riordan. Aunque las mujeres dominaban las ventas en el pop, no era así en el rock. En su gran mayoría, la mujer se convertía de nuevo en una mercancía, una máquina de hacer dinero que había que explotar. Y una que daba la imagen de una mujer buena, dócil y preparada para ser aceptada por el gran público. Mientras triunfaba esta imagen de niñas buenas, pero un poquito malas, aunque no lo suficiente para que sean rechazadas, muchas otras mujeres y propuestas musicales quedaron marginadas y sepultadas por la maquinaria económica. Pero un buen puñado de ellas lograron colarse desde su propia identidad y sus propias reglas entre las que triunfaban en las listas.

TALENTO PRECOZ

Alanis Morissette tocaba el piano a los seis años y a los nueve ya escribía sus propias canciones. A los diez protagonizaba una serie de Nickelodeon. Con el dinero que ganó en la televisión publicó su primer single en 1987 «Fate Stay With Me».

Otra de las estrellas del rock más comercial en aquellos años fue Sheryl Crow, que pasó de ser corista de los grandes nombres del rock como Rod Steward, Joe Cocker o Don Henley a protagonista de sus propios éxitos.

En 1993 publicó *Tuesday Night Music Club*. No fue un éxito inmediato, sino paulatino. Llegó con el single «All I Wanna Do», casi un año después de publicarse el disco y de darse a conocer como telonera de los Eagles. De ahí, al estrellato y a ganar un buen puñado de *Grammys*.

ALANIS Y *NOW THIS IS THE TIME*

En 1991 publicó *Alanis* y en 1992 *Now This is the Time*, dos discos que la convirtieron en una estrella en Canadá. Pero decidió buscar la independencia y se mudó a L.A. para empezar de cero. Allí llamó la atención de Madonna que la fichó para su sello Maverick.

La cantante y compositora irlandesa Dolores O'Riordan fue el alma máter del éxito de su banda The Cranberries. El grupo se hizo mundialmente conocido con «Zombie», una canción que denunciaba la situación en Irlanda del Norte y que publicaron en 1994.

UNA REPRESENTACIÓN FEMENINA

Alanis Morissette representó una ruptura en la imagen de la mujer en la industria musical y llegó al público mayoritario con *Jagged Little Pill*. Fue un revulsivo que logró conectar con toda una generación de mujeres, representando la rabia y los sentimientos que sentían.

La polémica Courtney Love, sin pelos en la lengua, fue la líder y artífice del éxito de su banda Hole. Sobre todo, a raíz de la publicación de su segundo disco *Live Through This* en 1994. Un clásico del rock alternativo.

EL ESTRELLATO

En este disco cantaba con rabia sobre relaciones personales, traición, dolor y falta de autoestima. Vendió más de 28 millones de copias, lo que lo convirtió en el disco más vendido de una artista femenina.

Lucinda Williams
UNA VOZ INCONFUNDIBLE

A las artistas que se alejaban del mainstream, que no enca-
jaban en ese ideal musical que tenían las emisoras de radio o
los videoclips de la MTV, les costaba más llegar al gran público.
Muchas veces eran totalmente ignoradas, pero no por eso de-
jaban de tener su público fiel. Al margen de la industria y sus
modas, seguían una senda diferente, con tempos mucho más
largos. Dentro del rock, el Americana ha sido un género que
ha acogido a grandes de las figuras del rock femeninas como
Linda Ronstadt y Emmylou Harris que abrieron el camino que
siguieron mujeres como Lucinda Williams, Patty Griffin o
Gillian Welch. Emmylou Harris encontró en Gram Parsons
a su gran mentor y amigo y con el que aprendió a armo-
nizar su voz y convertirla en su gran baza. Su trabajo
juntos revolucionó el mundo del country y del rock,
fusionando estos dos géneros de forma irreversible.
Parsons lo llamaba rock cósmico, pero bien podría
haberse llamado Americana, el género heredero de
sus primeros pasos, que fusiona la música tradicional
americana con elementos de rock alternativo. Juntos consiguieron
transformar un género anquilosado, convertir su patrón clásico en algo
novedoso y así influir en innumerables artistas que siguieron sus pasos.

UNA VOZ INCONFUNDIBLE

Su primer disco data de 1979 pero tuvo que esperar casi veinte años para triunfar. Su música es una amalgama de rock, country, folk y blues. Con una voz inconfundible y un talento nato para la composición, se ha convertido, no en una figura mainstream, pero sí en una artista de culto.

LA VOZ DE LA POESÍA

Lucinda empezó a escribir poesía a los seis años y con doce tocaba la guitarra y escribía sus propias canciones. Al principio buscó sus modelos a seguir en cantantes de folk como Joan Baez, Joni Mitchell o Linda Ronstadt y luego en voces como la de Memphis Minnie.

SU OBRA MAESTRA

En 1998 publicó su gran obra maestra, *Car Wheels On a Gravel Road*. Un disco que sentó las bases del Americana. Contó con colaboraciones de Emmylou Harris o Steve Earle y confirmó a Williams como una de las compositoras y cantantes imprescindibles de los noventa.

UNA MIRADA INTERIOR

En sus discos Lucinda Williams ha sabido reflejar a la perfección una manera de expresarse sentida, que toca y llega al alma, que sabe ver el interior de las personas, sus demonios y sus miedos y que se enfrenta a ellos con sus canciones.

P.J. HARVEY

EMBLEMA DEL ROCK INDEPENDIENTE

Hay mujeres que tienen su propia idiosincrasia. Todas las que aparecen en este capítulo son difíciles de etiquetar. Han experimentado con la música de una forma que las etiquetas tradicionales no encajan con ellas. Y eso es bueno. Muy bueno. Porque las etiquetas tienden a encasillar, a homogeneizar y la mayoría de personas que las colocan ni siquiera son mujeres y se basan en unos patrones que se han creado a lo largo de las décadas para etiquetar a los hombres, dentro de los cuales las mujeres pocas veces tienen cabida. Son mujeres que han sabido siempre mantenerse fieles a sí mismas, alejadas de todo y de todos, con una posición individualista y única. Ellas han seguido su camino propio. Han marcado sus propias reglas. Algunas al piano, un instrumento que a veces se ha dicho que no es muy rock. Menos cuando lo toca Jerry Lee Lewis, claro. Mujeres como Tori Amos, pero también diosas de la guitarra como PJ Harvey, reinas del hazlo tú misma como Amanda Palmer o artistas tan inclasificables como Björk.

ACOMPAÑADA DE UNA GUITARRA

Polly Jean Harvey se crio en una granja en un pequeño pueblo de Inglaterra. Su madre era escultora y solía organizar conciertos en el pub local. Le compró un saxofón y la animó a tocarlo con las bandas que actuaban allí. Más tarde aprendería a tocar la guitarra.

EN LAS LISTAS DEL ROCK

En 1991 se mudó a Londres y formó el trío PJ Harvey. Too Pure Records editó su primer single «Dress». Se convirtió en toda una sensación en las listas de rock independiente en Inglaterra llegando al número 3.

RID OF ME

En su segundo disco, *Rid of Me,* Island Records quería que hiciese un single que pudieran poner en la radio. La cantante les dejó claro que no y que su opinión era lo que más le importaba. Encontramos letras corrosivas, canciones abrasivas y crudeza sonora.

EXPLORANDO EL DESEO FEMENINO

To Bring You My Love es su trabajo más oscuro en el que explora el deseo femenino, un amor perdido y el dolor que provoca. Es su álbum más aclamado y la lanzó al estrellato del rock independiente. En 2001 Harvey fue la primera mujer en ganar el prestigioso Mercury Prize.

OTRAS ARTISTAS

Tori Amos ha conseguido crear un sonido propio e único. Ha recuperado el piano como instrumento para el rock narrando historias siempre desde la perspectiva femenina cantando sobre la sexualidad, la religión que la oprime y la sociedad que la constriñe.

Con dos años Amos tocaba el piano, a los cuatro componía y con cinco empezó a estudiar piano clásico en el prestigioso conservatorio Peabody con una beca. Aunque a los once años se la quitaron, insistía en tocar sus propias composiciones en los exámenes.

La carrera de Amanda Palmer es la de una mujer hecha a sí misma. Empezó como estatua viviente en la calle y ahora mismo es una de las artistas que más ha sabido conectar con el público a través de las redes sociales, el arte colaborativo y el patronazgo.

Björk es una artista que difícilmente se puede etiquetar. La banda de rock más importante de Islandia, The Sugarcubes fue su primer paso hacia el éxito. Pero en cuanto emprendió su carrera en solitario, eclipsó rápidamente la fama de su banda desde la experimentación.

P.J.HARVEY

Y DE YO SOY

St.Vincent

UN SONIDO INUSUAL

La guitarra, ese instrumento tan femenino que hasta B.B. King la nombró mujer, ha sido rara vez considerada un instrumento para mujeres. A pesar de inspirar su forma en el cuerpo de una mujer. Al final, esa forma femenina de la guitarra convierte también lo femenino en objeto: de deseo, de posesión, de tocar. Algo que excluye al género femenino de la ecuación. O al menos eso ha parecido durante décadas. ¿Cuántas veces oímos eso de que las mujeres no saben tocar la guitarra igual que un hombre? En las listas de mejores guitarristas del universo, ¿cuántas mujeres aparecen? No nos engañemos, las mujeres también tocan la guitarra y la hacen suya como hizo Sister Rosetta Tharpe hace ya muchísimos años. Ella era su guitarra. Y eso nadie lo puede poner en duda. A pesar de los prejuicios, cada vez más, muchas mujeres usan este instrumento para expresar su música. Se convierte en el distintivo claro de la misma, el elemento del que nacen todas sus composiciones, mujeres que están creando nuevos caminos como Anna Calvi o St. Vincent.

TUCK Y PATTIE

Annie Erin Clark nació en Tulsa, aunque se crio en Dallas. Fan incansable de Nirvana y Pearl Jam, empezó a tocar la guitarra con doce años. En las vacaciones hacía de roadie para su tío, Tuck Andrews, en el dúo de jazz Tuck & Pattie.

MÚSICA EXPERIMENTAL

Estudió en la prestigiosa Berklee College of Music, pero se cansó de seguir el camino que le marcaban. Dejó los estudios y empezó a tocar la guitarra y cantar con la banda experimental The Polyphonic Spree o a hacer de guitarrista de Sufjan Stevens.

AHORA YA COMO ST. VINCENT

Entonces se hizo llamar St. Vincent, como el hospital que Nick Cave menciona en «There She Goes, My Beautiful World», aquel en el que Dylan Thomas murió alcoholizado. En 2007 publicó su primer disco, *Marry Me*. Y en 2009 *Actor*, el disco que la consagró.

SU GUITARRA

St. Vincent juega con la música, experimentando de forma inusual y creando sonidos que enganchan al público. En 2016 diseñó su propia guitarra para Ernie Ball Music Man. Creada para encajar perfectamente en el cuerpo de una mujer.

OTRAS ARTISTAS

Anna Calvi es una virtuosa de la guitarra, de la voz y de la música en general. Es una artista que domina el instrumento y lo hace cantar a su son. Brian Eno dijo de ella que era «lo mejor desde Patti Smith».

Cate Le Bon, nacida en la localidad galesa de Penboyr como Cate Timothy en 1983, tiene una forma particular de tocar la guitarra que la hace destacar, sobre todo por sus composiciones oscuras y su voz frágil.

Sharon Van Etten es una artista que crece en la emotividad de su propuesta. En sus discos explora las relaciones interpersonales y los problemas que provocan siempre con un punto de vista positivo de las mismas.

Una de las voces más prometedoras del indie rock es la australiana Courtney Barnett. Sus letras son pequeños relatos, retratos de la vida cotidiana cantados con ironía como en su debut *Sometimes I Sit and Think and Sometimes I Just Sit*.

SAVAGES
COMBATIVAS

En estos últimos años también han aparecido bandas que han dado al rock dignas sucesoras de artistas como Patti Smith, Siouxsie Sioux, The Slits o Blondie. Mujeres que se han erigido como portavoces de una generación de rockeras que demuestran, con sus discos y sus directos, que el rock también es cosa de mujeres. Han creado sus propias bandas, cantan en sus canciones contra la opresión de la sociedad hacia las mujeres, gritan con rabia, sus guitarras son ensordecedoras y sus directos demoledores e incendiarios. Tenemos grupos femeninos al completo como Savages, Warpaint, Ex Hex o Deap Vally, pero también mujeres que lideran sus bandas como Teresa Suárez de Le Butcherettes, Dani Miller de Surfbort, Amy Taylor de Amyl and the Sniffers. También rockeras en dúos como Lorena Quintanilla de Lorelle Meets the Obsolete con Alberto González o el que forma Delila Paz en The Last Internationale con Edgey Pires. O bandas jovencísimas que sorprenden como The Bobby Lees. Y estas son solo algunas de las mujeres que se suben a los escenarios para ofrecernos el mejor rock. Hay muchísimas más.

EL INICIO DEL GRUPO

El grupo se formó en 2011 cuando la guitarrista Gemma Thompson y la cantante Camille Berthomier, conocida como Jehnny Beth, decidieron formar juntas una banda. Ayse Hassan se unió al bajo y Fay Milton a la batería.

Sobre el escenario no hay artista más salvaje que la líder Le Butcherettes: Teresa Suárez, alias Teri Gender Bender. Nació en Estados Unidos, pero se mudó a México, el país de su madre, tras la muerte de su padre.

En la música, Suárez encontró su forma de enfrentarse a la pérdida, el dolor y el nuevo mundo que descubría en un país en el que las mujeres eran asesinadas brutalmente un día sí y otro también. Algo que denuncia en sus canciones.

DIRECTOS EXPLOSIVOS

Desde sus inicios la banda se caracterizó por unos directos explosivos con una actitud provocadora y combativa. Y fue precisamente en uno de sus conciertos en los que el mánager de Sigur Rós las vio y las fichó.

Con 17 años formó Le Butcherettes, una banda de rock en la que desata toda su furia sobre los escenarios. En sus discos también se acompaña de artistas como Alice Bag, Henry Rollins, Shirley Manson o Jello Biafra.

REIVINDICATIVAS

Abanderadas del revival post punk con sus guitarras agresivas y ruidosas, su directo es explosivo, sus letras reivindicativas y su presencia sobre el escenario apabullante. Con Matador publicaron su primer disco, *Silence Yourself*.

Teresa Suárez también forma parte de las bandas Bosnian Rainbows y el supergrupo Crystal Fairy junto a Omar Rodríguez-López, King Buzzo y Dale Crover de Melvins. Aparte de tener una floreciente carrera en solitario.

EL CAMINO DEL ARTE

En su portada incluían un manifiesto en el que animaban a la juventud a expresarse libremente, a no distraerse con la falsa recompensa del éxito, a seguir el camino de su arte. En 2016 salió su segundo trabajo, *Adore Life*.

© 2023, Anabel Vélez Vargas (texto)

© 2023, Marina Sánchez Correas (ilustraciones)

© 2023, Redbook Ediciones, s. l., Barcelona

Diseño de cubierta: Amanda Martínez

Diseño de interior: Marina Sánchez Correas

ISBN: 978-84-18703-54-6

Depósito legal: B-5.318-2023

Impreso por Sagrafic, Passatge Carsi 6, 08025 Barcelona

Impreso en España

EN LA MISMA COLECCIÓN

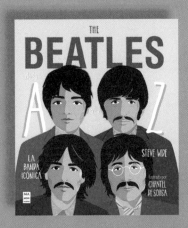

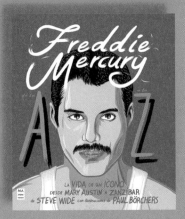